Andreas Heinz
Zufrieden

Andreas Heinz

ZUFRIEDEN

WIE ZUFRIEDENHEIT DEIN LEBEN VERÄNDERT

Bibliografische Information der Deutschen Nationalbibliothek:
Die Deutsche Nationalbibliothek verzeichnet diese Publikation
in der Deutschen Nationalbibliografie; detaillierte
bibliografische Daten sind im Internet über http://dnb.dnb.de
abrufbar.

Umschlaggestaltung: Friedrich Bolay

Herstellung und Verlag: BoD – Books on Demand,
Norderstedt

ISBN: 978-3-7562-2419-7

Inhaltsverzeichnis

Vorwort

Inspiriert durch viele Menschen und Gespräche, die mich auf der Suche nach Zufriedenheit und einem ausgeglichenen Leben begleitet haben, schreibe ich dieses Buch.

Manchmal überkommt mich das Gefühl, dass Menschen, die sich nicht alles leisten können, die genau auf ihr Geld schauen müssen, ein besseres Leben führen. Manchmal stelle ich mir auch die Frage, wie diese mit dem gesellschaftlichen Druck umgehen. Manchmal frage ich mich, ob es nicht besser wäre, es gäbe diesen Druck überhaupt nicht.

Dieses kleine Buch ist an all jene gerichtet, die sich vieles, vielleicht auch alles leisten können, denken, dass sie zufrieden sind, aber innerlich wissen, dass sie unzufrieden sind und gerne wahre Zufriedenheit erfahren möchten.

Andreas Heinz, 2022

Kapitel 1: Es startet mit dir

Hast du dir jemals die Frage gestellt, warum du immer etwas Neues brauchst, warum das Alte nicht gut genug scheint, oder schaust du gerne einmal auf deine Nachbarn oder Freunde und denkst dir, wow, was die alles haben, manches davon hätte ich auch gerne? Bist du öfters schon los gegangen und hast versucht jemanden nachzueifern oder versucht gar finanziell mithalten zu wollen, obwohl du es nicht konntest?

Falls ja, schon einmal vielen Dank, dass du ehrlich zu dir selbst bist. Dies ist nämlich ein wichtiger Schritt auf dem Weg zur Zufriedenheit.
Aber hast du dich auch schon einmal hinterfragt, warum das so ist? Was dich antreibt oder was dich dazu bewegt so zu handeln oder zu denken?

Falls nein, dann beginnen wir nun mit diesem Prozess. Dies mag nur ein kleiner Weg und ein erster Schritt sein. Ob es dein Weg ist, kann ich nicht garantieren, aber ich bin davon überzeugt, dass der Weg ein Guter ist.

Die Antwort auf alle diese Fragen ist nämlich recht simpel. Sie kann aber auch sehr schmerzhaft sein. Jedoch bin ich davon überzeugt, dass man für eine Veränderung durch ein Tal gehen sollte, wenn nicht sogar muss. Der Weg aus dem Tal hinauf auf den Berg mit schönem Ausblick, ist der Veränderungsprozess. Der Ausblick auf dem Berggipfel, wenn man es dann geschafft hat, ist himmlisch. Jetzt fragst du dich bestimmt noch nach der Antwort und die Antwort ist, du bist mit dir und deinem Leben nicht zufrieden. Du bist mit dir und deinem Leben nicht zufrieden und du möchtest mir jetzt sofort widersprechen und mir alle Argumente entgegenbringen, warum du doch zufrieden bist, aber ich bleibe dabei, du bist mit dir und deinem Leben nicht zufrieden.

Es ist gut, wenn du jetzt sagst, der spinnt doch, aber die nächsten Seiten werden dir aufzeigen, warum du mit dir und deinem Leben nicht zufrieden bist. Diese Seiten werden dir auch aufzeigen, dass es ein langer Weg ist, zufrieden zu werden.

Wenn du dich auf diesen Prozess einlassen willst, so sei dir gesagt, alles beginnt mit dir und nur wenn du dazu bereit bist, dich zu hinterfragen, an dir zu arbeiten oder gar dein Leben gänzlich auf den Kopf zu stellen, kannst du dich auch auf diese Reise, auf diesen Weg zur inneren Zufriedenheit begeben.

Um das Problem der Zufriedenheit greifbarer zu machen, erzähle ich zwei Beispiele. Dies stammen nicht von mir, aber sie sind mir bis heute im Gedächtnis geblieben und sie haben ihre Kraft nicht verloren und werden es auch in Zukunft nicht tun.

Beispiel 1

A und B wohnen in der gleichen Straße, viel mehr noch, sie sind Nachbarn und wohnen in baugleichen Reihenmittelhäusern. Beide sind verheiratet und haben zwei Kinder im selben Alter. Beide Familien verstehen sich blendend. A ist Geschäftsführer der A GmbH und B Geschäftsführer der B GmbH. Sie können sich alles leisten, die Familien sind intakt, die drei Urlaube im Jahr sind allesamt erholsam, gut und teuer. Man versteht sich eben. Eines Tages sitzen beide bei einem Getränk im Garten zusammen und unterhalten sich über Ihre Gehälter. Im Anschluss ist nichts mehr wie vorher. A und B sprechen kein Wort mehr miteinander, die Beziehung der beiden hat einen Bruch erfahren. Aber was genau ist eigentlich passiert? Eigentlich nichts, aber dennoch sehr viel.

A hat nämlich erfahren, dass er für eine ähnliche Verantwortung als Geschäftsführer 40.000 € weniger verdient als B. A wurde neidisch auf B und fühlt sich seitdem benachteiligt und auch schlecht, weil er weniger verdient.

Beispiel 2

A und B gehen in die gleiche Schulklasse. Sie sind dicke Freunde, spielen in der gleichen Sportmannschaft und es passt kein Blatt zwischen die beiden. Bei einer Klassenarbeit findet B keinen Ansatz und sieht verzweifelt aus. A sitzt neben B, merkt dies und lässt B daraufhin abschreiben. Einige Wochen später bekommen die beiden ihre Klassenarbeiten zurück und zur großen Verwunderung von A hat B die bessere Note geschrieben. Es kommt zum Bruch der Freundschaft. Was war passiert? B hat während des Abschreibens einen Fehler in der Aufgabenbearbeitung von A festgestellt und diesen korrigiert. Bei der Notenvergabe war A sehr verwundert und hat die Arbeit von B mit seiner verglichen und festgestellt, dass B seinen Fehler korrigiert hat. Nun ist A sauer auf B, weil dieser ihn nicht auf den Fehler hingewiesen hat.

Kennst du eine solche oder ähnliche Begebenheit bei dir selbst? Schreibe deine eigenen Beispiele, gerne auf. Es gibt beim genaueren Hinsehen und darüber nachdenken unendlich viele Beispiele, die ähnlich gelagert sind. Nicht immer so hart, dass die Beziehungen zu Bruch gehen, aber schon so, dass die Freundschaften im Anschluss einen anderen Charakter haben.

Aber nun lassen Sie uns einmal genau betrachten, was in diesen beiden Beispielen passiert ist.

In beiden Fällen fühlt sich A benachteiligt. Im ersten Beispiel ist A nicht nur sauer für die gleiche Arbeit weniger Gehalt zu bekommen, sondern auch neidisch, weil er davon überzeugt ist, dass B sich doch schönere Urlaube und Sachen leisten kann. Er fühlt sich schlecht, weil seine Gedanken darum kreisen, dass er einfach nicht mithalten könnte. B kann für diese Situation gar nichts. Er hätte schweigen können. Was wir jedoch nicht wissen ist, wer von beiden zuerst geantwortet hat, aber das ist auch nicht wichtig.

Im zweiten Beispiel ist A auf dem ersten Blick berechtigter Weise sauer auf B. Jedoch bedeutete das Abschreiben für beide auch ein erhebliches Risiko. Werden sie beim Abschreiben erwischt, ist die Klassenarbeit für beide gelaufen und beide fallen durch. Das Verhalten von B, das Abgeschriebene zu korrigieren und anzupassen, ist klug, fällt damit der Täuschungsversuch doch weniger auf. Das A nun sauer ist und sich benachteiligt fühlt, ist hingegen nachvollziehbar, aber wie hätte denn B ohne großen Aufwand A darauf hinweisen können, dass in seiner Klassenarbeit ein Fehler vorhanden ist? Die Gefahr erwischt zu werden, wäre nochmals gestiegen. In dem Beispiel wird auch bewusst darauf verzichtet die Emotionen bei der Notenvergabe darzustellen. Durch das Fehlen der emotionalen Komponente bleibt der Blick bewusst auf den Sachverhalt gerichtet.

Sicherlich stellen die A-Personen eine Extremsituation dar. Sicherlich gibt es auch ganz viele Situationen in der Mitte, aber das entscheidende bist du.

Deine Reaktion entscheidet, wie du dich fühlen möchtest. Andere als deine Gegenspieler anzusehen, ist kein guter Weg. Andere für deine Situation verantwortlich machen, auch nicht, denn die andere Person weiß womöglich gar nicht, wo das Problem liegt. Du allein entscheidest, wie du mit deinen Gefühlen umgehen willst. Nur du. Du allein entscheidest auch, wie du mit deinen Freundschaften umgehen willst, mit deinen Mitmenschen, mit deiner Mitwelt.

Aber was genau hält uns denn davon ab, mit unserer Mitwelt so zu interagieren, wie wir das gerne hätten?

Ist es die Gesellschaft, der mediale Einfluss, unsere Erziehung oder sind es ganz viele Komponenten, die ineinandergreifen oder ist es vielleicht fehlender Mut, einfach auszubrechen?

Ich würde sagen, es ist von allem etwas, aber am stärksten, so empfinde ich es, ist es fehlender Mut zum anders sein. Fehlender Mut, sich gegen die Gesellschaftsnorm zu stellen.

Durch die Medien bekommen wir Ideale aufgezeigt, wie wir leben sollen und wie die Gesellschaft sein sollte. Wir bekommen Affären, Eskapaden, Sexualität und vieles mehr als etwas Normales dargestellt und wer anders ist, gilt als nicht Normgerecht, als nicht normal. Aber machen wir es uns damit nicht zu einfach, wenn wir insgesamt einem Ideal hinterherlaufen, das wir nicht erreichen können?

Einem Ideal, das von einigen wenigen vorgegeben wird, in der Hoffnung, dass tausende diesem Nacheifern?

Machen wir es uns damit nicht viel zu einfach, auf einige wenige zu vertrauen und diesen ggf. auch noch blind nachzulaufen, ob Politikern, Autoren oder Influencern?

Sind wir es nicht selbst, die anfangen müssen darüber nachzudenken, was man persönlich möchte und was nicht?

Es ist spannend dieser Frage nachzugehen, denn es beginnt einzig und allein bei dir selbst. Du entscheidest, wie, wo und mit wem du leben möchtest oder welche Meinung du vertreten möchtest.

Es startet nur mit dir!

Kapitel 2: Unbequeme Wahrheiten

Oftmals verstecken wir uns hinter Floskeln. Sicherlich hast du die ein oder andere Floskel auch schon einmal verwendet und dich dahinter versteckt.

Sei es aus Angst, sei es aus Selbstschutz oder einfach, weil es deutlich einfacher war, den einfachsten Weg einzuschlagen, denn dies können wir alle ziemlich gut. Nur ist der einfachste Weg nicht immer der beste Weg oder gar der, der uns weiterbringt.

Wir Menschen suchen meistens nach Lösungen, deswegen erscheinen uns Floskeln, wie bspw., die anderen sind schuld, ich bin wie ich bin, ich kann bzw. schaffe das nicht, das Leben der anderen ist so viel einfacher als meines, meine Arbeit hindert mich daran, genauso wie selbst gestellte Fragen im Sinne von warum immer ich oder ich soll umziehen, als logische und einfache Lösungswege.

Im Weiteren werde ich darauf eingehen, dass diese sogenannten Lösungsansätze, die teilweise dicke Mauern in unserem Leben darstellen, nicht nur schädlich sind, sondern uns auch daran hindern zu uns selbst zu finden.

Wie im 1. Kapitel bereits beschrieben, so geht es hier nun weiter, denn es startet mit dir. Sicherlich wirst du dich in den folgenden Aussagen nicht eindeutig wiederfinden, aber das ist auch nicht gewollt.

Vielmehr geht es darum, einen Eindruck zu bekommen, hinter welchen Mauern, hinter welchen Floskeln viele sich gerne verstecken, anstelle den wirklichen Lösungsweg, die eigentliche Problemstellung, anzugehen. Es sind unbequeme Wahrheiten, ja, auch unbequeme Antworten und ja, teilweise auch schmerzhafte Weisheiten.

An dieser Stelle soll gesagt sein, dass es mir nicht darum geht, rechthaberisch rüberzukommen. Ich möchte nur den Blick schärfen, da ich davon überzeugt bin, dass sich ohne diesen geschärften Blick der Rest von diesem Buch nur sehr schwer nachvollziehen lässt.

Betrachten wir uns einige der vorhin gemachten Aussagen genauer und lassen Sie uns versuchen herauszufinden, warum und wann wir eine solche Aussage treffen könnten.

Die anderen sind schuld

Das ist eine meiner Lieblingsaussagen. Denn diese Aussage zielt explizit darauf ab, dass man grundsätzlich versucht, den Fehler nicht bei sich, sondern bei den anderen zu suchen.

Wäre es aber nicht besser, erst einmal den Fehler bei sich selbst zu suchen?

Ich finde schon, auch wenn dies auf dem ersten Blick dazu führt, dass man sich in eine demütige Situation bringt, so bekommt man doch ein Gefühl dafür, wo eventuelle Störquellen im Sender und Empfängerbereich gelegen haben könnten.

Betrachten wir an dieser Stelle einmal das zweite gewählte Beispiel. Mit der Behauptung von A, dass B schuld sei, macht es sich A ziemlich einfach. Denn was passiert, wenn man die Situation einfach umdreht und sich die Frage stellt, was passiert wäre, wenn A sich dem Abschreiben von B verweigert hätte?

Sicherlich lässt sich nun argumentieren, dass mit einem solchen Verhalten A eine schlechte Note von B billigend in Kauf genommen hätte, jedoch würde die Schuld für die schlechte Note definitiv bei B selbst liegen, da B entweder sich nicht auf die Klausur ordentlich vorbereitet hat oder einen Blackout hatte. A wäre schuldlos und es würde zu keiner Schuldzuweisung von A gegenüber B kommen.

Durch sein Verhalten hingegen trägt A an seiner schlechteren Note gegenüber B eine Mitschuld. Moralisch lässt sich nun leicht argumentieren, dass diese Mitschuld unberechtigt sei, da die eigentliche Schuld definitiv bei B liegt, der A nicht auf seine Fehler aufmerksam gemacht hat. Moralisch wäre aber auch festzustellen, dass das Verhalten von A gegenüber B schon verwerflich gewesen ist.

Was ich damit aufzeigen möchte ist, dass es ziemlich einfach ist, sich nur auf das Offensichtliche zu konzentrieren, als den Hintergrund zu analysieren.

Geht nun A mit sich hart ins Gericht, so wird sich A sicherlich in der nächsten Situation genau überlegen, ob er Abschreiben lässt oder eben nicht und wenn er sich für das Abschreiben entscheidet, so wird er sich im Anschluss sicherlich erneut ärgern, sollte eine vergleichbare Situation entstehen, jedoch hat dies dann nicht mehr den Bruch der Freundschaft zur Folge, sondern eher, den Lerneffekt, dass das Abschreiben lassen eben auch dazu führen kann, dass der Empfangende etwas zum Positiven korrigiert, sofern ein Fehler existiert, ohne den Fehler irgendwie dem anderen aufzuzeigen.

Die anderen sind schuld, ist also erst einmal eine Schutzbehauptung, die, solange man sich selbst nicht reflektiert hat, nur von dem eigenen Unvermögen, der eigenen Mitschuld ablenkt.

Ich bin wie ich bin

Ich möchte nicht wissen, wie häufig ich schon für Verhaltensweisen, „ich bin wie ich bin" gehört habe. Ich möchte auch nicht wissen, wie häufig ich diese Ausrede schon selbst verwendet habe.

Denn sind wir ehrlich zu uns selbst, dann sind wir doch das Produkt unserer Erzeuger, greifen Verhaltensweisen auf, die wir in unserer Mitwelt gesehen haben und sind damit ein Produkt aus Erziehung, Ratschlägen und eigenen Erfahrungen.

Bin ich nun so, wie ich bin? Oder bin ich so, wie mich andere haben und sehen wollen, bzw. was von mir in der Gesellschaft erwartet wird?

Wie viel Einfluss hat der Sportverein, die Kirche, Social Media oder generell die Medienlandschaft auf mich? Genau kann man dies sicherlich nicht sagen, aber ich möchte hier behaupten, ein „ich bin wie ich bin" gibt es nicht. Schon gar nicht als Ausrede für Verhaltensweisen.

Ein weiterer Aspekt, der mit einer solchen Aussage einhergeht, ist, dass man sich nicht verändern möchte, sondern, dass das Umfeld einen bitte so zu nehmen hat, wie man ist.

Prinzipiell bin ich damit auch einverstanden. Grundsätzlich lässt sich nämlich nur das verändern, was man selbst auch verändern möchte. Ich bin wie ich bin, wird dann auch zu einem Selbstschutz, zu einer Mauer gegen Angriffe von außen. Die Frage, die sich jedoch damit stellt, ist, ob ich dann so bin wie ich bin oder ob ich damit implizit eine Aussage darüber treffe, dass ich mich in meiner Komfortzone richtig wohlfühle und diese Aussage dann dazu führt, dass niemand auch nur eine kleine Kritik an mir üben kann.

Dabei ist Kritik so enorm wichtig. Kritik führt nun einmal dazu, dass man beginnt zu reflektieren und damit sein eigenes Ich zu finden, also das Ich, welches man sein möchte und nicht das Ich, zu dem man gemacht wurde.

Nicht davon betroffen sind krankheitsbedingte Verhaltensweisen. Jedoch möchte ich diese Art der Verhaltensänderungen bewusst ausschließen, da durch Krankheitssymptome es durchaus richtig sein kann, dass man ist, wie man ist, weil man sich nicht verstecken oder verstellen kann. Und das ist auch gut so, denn auch das gehört zu unserer Gesellschaft dazu. Ähnliches gilt auch für jegliche Art des Drogenkonsums, auch wenn ich diesen eher nicht in der Gesellschaft sehen möchte.

Wenn man sich selbst hinterfragt, so wird man schnell darauf kommen, durch was man alles geprägt ist. Diese Prägungen sind nicht schlimm, jedoch können diese von unserem eigenen Ich ablenken. Wer sein eigenes Ich findet, der kann wirklich irgendwann behaupten, ich bin so wie ich bin.

Ich jedoch finde, dass man diese Aussage dann auch nicht mehr als Ausrede anbringen kann. Denn ab diesem Moment erlebt das Umfeld ja eine freie und mit sich im Einklang befindliche Person.

Ich kann bzw. schaffe das nicht
Wer kennt es nicht? Die Klausur steht am nächsten Tag an. Das Lernen war eher mau, die Nervosität steigt, es schleicht sich das Gefühl von Hilflosigkeit ein und plötzlich ist der Gedanke da. Ich kann das alles nicht, ich werde das morgen nicht schaffen. Der Gedanke wird größer, die Anstrengung, die Gedanken zu unterbinden, zerren enorm an der körperlichen Kraft. Konzepte zur Vermeidung der Situation werden zurechtgelegt und durchgespielt. Letztlich überwindet man sich und geht

doch los und am Ende war meistens alles doch nicht so schlimm.

Warum legen wir ein solches Verhalten an den Tag? Ist es Unsicherheit? Sind es Versagensängste oder ist es gesellschaftlicher Druck?

Ich bin davon überzeugt, dass wir selbst das eigentliche Problem sind. Ein Sprichwort, welches mir ziemlich wichtig geworden ist, lautet, wer es nicht probiert, kann es auch nicht schaffen oder anders, wer aufgibt, hat schon verloren.

Einige verwenden die Aussage „ich kann das nicht" als Floskel, als Floskel dahingehend, dass damit Aufmerksamkeit gewonnen wird. Diese Art von Aufmerksamkeitsgewinnung zeigt eine Art von Minderwertigkeitskomplex auf, da bewusst versucht wird, das Umfeld zu manipulieren. Speziell im Erfolgsfall, kann dies dazu führen, dass die eigene Glaubwürdigkeit angezweifelt und man in der nächsten Situation, wo es dann wirklich ein Hilfeschrei ist, nicht mehr ernst genommen wird.

Ähnlich dem Sprichwort „Wer einmal lügt, dem glaubt man nicht und wenn er auch die Wahrheit spricht". Denn diese vorgeschobene Haltung ist unfair allen denen gegenüber, die wirklich in einer solchen hilflosen Situation sind oder gar psychische Probleme haben.

Deswegen sollte man mit einer solchen Aussage vorsichtig sein und diese dosiert einsetzen, also dann, wenn es wirklich dran ist. Auf der anderen Seite gilt es auch, sich selbst immer wieder bewusst zu machen, wie häufig man schon gedacht hat, dass man etwas nicht kann und es doch hinbekommen hat.

Diese Momente sollten doch aufbauend sein und auch, solange nicht ein unterbewusstes psychologisches Problem vorliegt, dazu führen, dass Selbstbewusstsein aufgebaut wird. Ein „ich kann das oder ich schaffe das nicht", gibt es nur ganz selten. Meistens wird es anders, als man denkt, aber wird es damit schlechter oder besser?

Es wird damit nur zu einer persönlichen Erfahrung. Aber es kann auch enorm schwer werden, weil man lernen muss Situationen zu akzeptieren, die man nicht ändern kann. Sicherlich ist das einfacher mit einem Erfolgserlebnis als mit einem Misserfolg, aber aus eigener Erfahrung kann ich sagen, dass ich durch jeden Misserfolg gereift bin und täglich auf den dadurch gewonnen Erfahrungsschatz zurückgreifen kann.

Dieser Erfahrungsschatz wiederum führt dazu, dass man selbst erkennen lernt, wann ein Hilferuf von Nöten ist und wann nicht.

Es ist auch diese Erkenntnis, die man benötigt, um überhaupt echte Hilfe an sich heranzulassen, denn nicht jede Erfahrung muss man auch selbst machen. Manchmal ist es sogar gut, an den Erfahrungen der anderen zu partizipieren und Schlüsse für seine eigene Situation abzuleiten.

So auch im nächsten Abschnitt „Warum immer ich".

Warum immer ich?

Stehst du auch öfters in der falschen Schlange an der Supermarktkasse oder freust du dich auf eine Mahlzeit am Buffet, aber in dem Moment wo du drankommst, ist grade das Gericht ausgegangen oder du verschüttest auf dem Weg zu einem wichtigen Termin plötzlich deinen Kaffee über dich und hast keine Wechselkleidung dabei? Fragst du dich dann auch „Warum immer ich?"

Warum nicht! Könnte jetzt eine Antwort darauf sein. Warum sich ärgern? Es bringt eh nichts. Aber in der Situation muss der Frust einfach raus. Das Klagende muss jetzt raus, die Frage muss gestellt werden.
Und die Antwort ist, dass es in der Regel darauf keine Antwort gibt, aber du bist nicht allein. Jedem passiert so etwas, das Entscheidende ist aber, dass die Einen es mit Humor und die anderen mit Frust nehmen, aber beide sich innerlich ärgern.

Woran liegt das?

Beides ist ein Überspielen der tatsächlichen Situation. Die Frust-Typen lassen ihrem Ärger freien Lauf und die Humor-Typen versuchen, von der Ungeschicktheit abzulenken, wobei Humor meistens besser ankommt als Frust.

Das eigentliche Problem damit, wird aber nicht gelöst. Nämlich das innere Gefühl, das es immer nur einen selbst trifft. Man kann nichts dagegen machen, die Welt hat sich halt gegen einen verschworen. Aber hat sie das wirklich?

Nein, die Welt kann sich nicht gegen einen verschwören. Dazu müssten wir nämlich zunächst die Welt definieren und das ist faktisch unmöglich. Jeder hat nämlich eine andere Auffassung von dem, was wir als Welt bezeichnen.

Das eigentliche Problem ist die eigene selektive Wahrnehmung. Diese zu verändern, ist ziemlich schwer, da das zur Folge hat, dass ich meine Mitwelt wahrnehmen lernen muss.

Beispielsweise suche ich mir die Supermarktkassenschlage selbst aus. Was Ich dabei nicht selbst beeinflussen kann ist, wie sich meine Mitmenschen verhalten. Ich suche die Schlange aber nach greifbaren Motiven aus. Das können objektive Gründe, wie die Anzahl an Personen in der Schlange oder wieviel Produkte auf dem Band, im Korb sind oder aber subjektive Gründe wie das sympathische Gesicht des Kassenpersonals oder der Menschen in der Schlange.

Wenn wir also an den Punkt kommen, dass wir in unserer Wahrnehmung feststellen, dass es in einer anderen Schlange schneller geht, dann gibt es dafür keinen Grund zum Aufregen, denn wir haben die Entscheidung selbst aktiv getroffen.

Genauso ist es auch bei der Essensausgabe. Wer immer kurz vor dem Ende der Essensausgabe zum Essen geht, braucht sich nicht wundern, wenn das Lieblingsessen nicht mehr da ist. Manchmal haben wir darauf keinen Einfluss, weil uns Termine oder Gespräche aufgehalten haben. Aber in diesen Fällen sind wir ja auch, wenn wir im Wissen unterwegs sind, dass das Essen ebenfalls ausgehen kann, selbst verantwortlich. Denn wir hätten den Termin auch mit zum Essen nehmen können oder das Gespräch mit dem Essen kombinieren können oder einen Termin wählen können, der uns nicht am Essen hindert. Wenn nun, und der Einwand ist richtig, das Essen aber trotz aller richtig gesetzten Parameter ausgeht, dann ist dies einfach Pech und hat nichts mit einem selbst zu tun.

Ebenfalls ist es als Pech anzusehen, wenn man sich vor einem Termin den Kaffee über die Kleidung schüttet, denn erstens, wenn man planen würde dies zu tun, dann hätte man eine Tasche mit Wechselsachen stets dabei, zweitens, keiner verschüttet absichtlich Kaffee und drittens, wenn dir das öfter passiert, dann liegt es ganz allein an dir, entweder keinen Kaffee mehr zu kaufen oder einfach vorsichtiger zu sein.
Es liegt an dir, was du daraus machst.

Die Frage: „Warum immer ich?" Stellt sich dann nicht mehr. Es stellt sich dann eher die Frage: „Was soll mir diese Erfahrung heute lehren?"

Um diese Frage zu beantworten, bedarf es einer Art von Selbstreflektion. Eine Selbstreflektion, die dazu führt, dass man selbst erkennen lernt, dass das alles nicht mit einem persönlich zu tun hat, sondern jedem anderen auch passieren kann.

Es kommt darauf an, was man daraus macht. Und das Beste ist, wenn man es einfach akzeptieren oder stehenlassen kann und lernt einen innerlichen Haken zusetzen, denn damit beginnt ein erster Schritt hin zur inneren Zufriedenheit.

Kapitel 3: Auf sich selbst hören

Mit der Fragestellung, was soll mich diese Erfahrung heute lehren, habe ich das zweite Kapitel geschlossen und mit dieser Frage beginnt auch das 3. Kapitel: Auf sich selbst hören.

Auf sich selbst hören ist ein Prozess, der nicht nur Situationen besser einschätzbar macht, sondern auch den Weg zu sich selbst ebnet.
Wer auf sich selbst hören kann, beginnt auf seine eigenen Stärken zu vertrauen und seine eigenen Schwächen zu akzeptieren.

Was genau bedeutet es eigentlich, auf sich selbst zu hören?

Manche nennen es Bauchgefühl, andere Intuition, wieder andere Geistesblitze, aber ich finde, all das trifft es nicht wirklich, denn diese Begriffe skizzieren das eigentliche Problem nur am Rande.

Auf sich selbst hören, ist ein Abwägungsprozess, ein durch unsere im Leben gemachten Erfahrungen begleiteter und ein durch unsere Mitwelt gestalteter Prozess.

Manchmal gehen Entscheidungsprozesse schnell, manchmal dauern diese sehr lange. Und das Schlimme daran ist, jede Entscheidung zieht Konsequenzen nach sich und um es mit einer Floskel zu bedienen, am Ende kommt es eh anders als geplant.

Der beste Entscheidungsprozess hilft oder bringt nämlich nichts, wenn dieser durch Dritte verändert oder gar zum Scheitern gebracht werden kann.

Sich ein Urteil zu bilden, beispielsweise, wie A im 1. Beispiel, geht nämlich recht schnell, auch ohne, dass man sich der ggf. daraus resultierenden Konsequenzen bewusst ist.

Dennoch treffen wir gerne spontane Entscheidungen, zum Beispiel beim Kauf von Kleidung oder ob wir beim Fernsehen/im Kino gerne etwas naschen wollen.

Würden wir uns bei diesen Fragen mehr Zeit nehmen, so würden wir wahrscheinlich auf die Idee kommen, dass diese Art des Naschens nicht gesundheitsförderlich ist und dass das Kaufen von neuen Kleidungsstücken eine kurzfristige Befriedigung ist, aber spätestens, wenn der Kleiderschrank voll ist, andere Entscheidungen, nämlich die des Trennens von Altbewährtem, nach sich zieht.

Sich anschließend aber darüber zu ärgern, bringt nichts. Viel besser wäre es gewesen, sich vorher mehr Gedanken zu machen oder einfach auf sich selbst zu hören.

Mir hilft in solchen Entscheidungen immer die Frage danach, was bringt es mir oder warum brauche ich das.

Manchmal komme ich auf die Idee, dass es sich um gesellschaftlichen Druck handelt, also weil alle das haben, brauche ich das jetzt auch.

Nur ist das meines Erachtens die falsche Herangehensweise, denn nur weil alle anderen etwas haben oder brauchen, brauche ich das ja noch nicht.

Man wird dadurch auch nicht zu einem Spaßbremser, aber man zeigt damit deutlich auf, dass man anders ist. Man ist individueller, es wird schwerer, zu einer Gruppierung hinzugerechnet zu werden und man läuft keinem Trend hinterher.

Ich wäge in der Regel gerade dann, wenn es um mein persönliches Leben geht, immer enorm ab. So kann es einem beispielsweise schwer fallen Freundschaften einzugehen oder diese auch zu erhalten. Es kann zu einem Abwägungsprozess kommen, an dessen Ende sich auch vermeintliche Chancen erledigt haben könnten. Einhergehend mit tagelanger Trauer oder einem innerlich schimpfen. Aber schadet ein solches Verhalten wirklich?

Ich denke nein. Nur das Unverständnis einiger weniger, wenn man darüber spricht, kann in seinem eigenen Umfeld dazu führen, dass man sich schlecht fühlt.

Aber es sind genau diese Erfahrungen, die vielleicht auch vor negativen Erfahrungen bewahrt haben. Es gilt diesen vertanen Chancen nicht hinterherzutrauern, sondern über diese dankbar zu sein, weil es einfach nicht dran war.

Speziell im Zwischenmenschlichen können wir die Erfahrung machen, dass immer dann, wenn es dran gewesen wäre und man seine Chance vermeintlich vertan hat, wenn es doch dran war, die Situationen sich wiederholen wird, solange, bis man selbst eine aktive, durchdachte Entscheidung trifft.

Das ist aber leider nicht überall der Fall. In einigen anderen Prozessen macht man diese Erfahrung eventuell nicht. Schaden tun diese Erfahrungen aber auch nicht. Mir beispielsweise, rückblickend, haben solche vertanen Chancen nicht geschadet, sondern mich zu dem gemacht, der ich heute bin.

Und genau das ist es auch, worum es geht!

Wer nämlich anfängt auf sich selbst zu hören, der beginnt auch anzufangen, sein Leben als gegeben hinzunehmen.

Es bringt nämlich nichts, sich in Trauerprozesse zu verkriechen, sich wie in Kapitel 2 beschrieben in endlose Fragenschleifen zu stellen oder ähnliches. Wer auf sich selbst hört, erkennt, wann etwas zu viel war, wann etwas nicht gut war, wann man jemanden eine Verletzung zugefügt hat, wann man selbst verletzt wurde und auch, wie man mit den verschiedenen Situationen umgehen sollte.

Proaktives handeln, sich permanent entschuldigen oder gar einen Prozess einzuschlagen, in dem man sich selbst nichts mehr zutraut, sind dagegen kontraproduktiv.

Besser ist es, sich selbst Freiraum zu schenken. Sich selbst zu erfahren, in jeder Beziehung, sich selbst nicht einreden zu lassen, was richtig, falsch oder dran sei, denn am Ende ist man selbst dafür verantwortlich und man muss gegenüber sich selbst auch dafür Rechenschaft ablegen können.

Kein Dritter ist dafür verantwortlich, nur man selbst, was auch ziemlich gut ist. Nicht auszumalen, wie eine Welt aussehen würde, in der es nur ein paar wenige gäbe, die Entscheidungen treffen und man seinen freien Willen nicht mehr ausleben dürfte.

Schlimm genug, dass es noch immer Menschen auf der Welt gibt, die das freie Denken verhindern wollen, es aber nicht können, denn unsere Gedanken sind frei. Jeder Gedanke darf durchdacht werden.

Aber auch dort gilt, bin ich in meinen Entscheidungen frei und höre ich auf mich selbst, bekomme ich schnell mit, ob das was passiert, gut oder schlecht ist. Manchmal dauert dies aber einige Zeit oder braucht einen Impuls von außen, eine Horizonterweiterung.

Und wenn es schlecht ist, dann kann ich dagegen vorgehen. Mit meiner eigenen Überzeugung und nicht mit irgendeiner fremden Meinung. Wer zu sich selbst findet und auf sich selbst hört, wird an einen Punkt ankommen, in dem er innerlichen Widerstand spürt. Genau diese Erfahrung des Widerstands führt zur Veränderung und zu einem selbst.

Kapitel 4: Veränderung

Aber nur auf sich selbst hören, ist zwar ein guter Anfang, aber das auf sich selbst hören, geht nur einher mit einem Veränderungsprozess.

Wer auf sich selbst hört, verändert schon sich und sein Umfeld, aber es dauert seine Zeit.

Die Veränderung geht nicht sofort und schon gar nicht schnell vonstatten. Veränderungen und speziell die eignen dauern meistens sehr lange, sie sind meistens mit persönlichem Verzicht und mit vielen kleinen Schritten verbunden.

Es ist wie das Besteigen eines Berges oder wie die Expedition zum Südpol von Roald Amundsen im vermeintlichen Wettkampf mit Robert Falcon Scott.

Die Südpol-Expedition
(Vgl. Jim Collins, Morton T. Hansen; Great by Choice)

Amundsen und Scott planten im Jahre 1911/12 eine Expedition zum Südpol. Während die Expedition von Scott offiziell benannt war, hielt sich Amundsen mit der Bekanntgabe seiner Ambitionen bis kurz vor dem Start zurück. Die Geschichte ist schnell erzählt. Amundsen startet am 20. Oktober 1911 und erreichte den Südpol am 15. Dezember 1911. Scott brach am 1. November 1911 auf und erreichte den Südpol am 18. Januar 1912. Scott erreichte den Südpol 30 Tage nach Amundsen und benötigte für die Strecke 11 Tage länger. Er verlor dabei seine Ausrüstung, seine Freunde und sein Leben. Amundsen ging als Sieger aus diesem nicht geplanten Wettlauf hervor. Warum genau Amundsen den Wettlauf gewonnen hat, lässt sich auf seine gute Vorbereitung zurückführen. Er studierte die vorherigen Expeditionen und erkannte die Schwachstellen. Die Schwachstellen in der Kälte waren die Maschinen, da diese den extremen Temperaturen nicht standhalten konnten. Die Lösung war simpel, anstelle von Maschinen setze er Schlittenhunde ein. Ein weiterer entscheidender Punkt war auch, dass Amundsen Weg- und Streckenmarkierungen gesetzt hat, in unterschiedlichen Farben, damit sie auf dem Heimweg in etwa erahnen konnten, wie weit sie noch zu gehen haben und als Orientierung, damit sie nicht im Kreis liefen, auch die täglichen Streckenabschnitte waren exakt geplant. Selbst als sie kurz vor dem Ziel waren, hielt sich Amundsen an diese, wohl wissend, dass sie auch noch einen Rückweg zu überstehen hatten. Amundsen war neben dem Ziel, als erster den Südpol zu erreichen, auch die Gesundheit seiner Mitmenschen wichtig. Er gewann den Wettlauf durch gute Vorbereitung und den Mut, etwas anderes zu versuchen als Scott oder deren Vorgänger.

Wer die Veränderungen gut plant, der wird am Ende auch ans Ziel kommen, aber wer ohne Planung einfach nur beginnt etwas zu verändern, der wird schneller in seine alten Verhaltensweisen zurückfallen, als ihm lieb ist.

An dieser Stelle führe ich nun mit Analyse, Konzeption und Umsetzung, drei Stufen ein, die dabei helfen sollen, den eigenen Veränderungsprozess zu begleiten.

Stufe 1: Die Analyse

Notiere dir alles, was dich aktuell unzufrieden macht. Wenn ich von alles spreche, dann meine ich auch alles.

Viele glauben, dass Luftqualität oder Lichtverhältnisse keine Auswirkungen auf das persönliche Leben haben. Aber weit gefehlt, denn selbst der Geschmack von Wasser kann ein Gefühl der Unzufriedenheit auslösen.

Also notiere dir alles, was dich aktuell unzufrieden macht. Die Liste wird nicht abgeschlossen und bleibt offen, nimm dir dafür viel Zeit, gerne auch 1-2 Monate, bevor du die Liste endgültig abschließt.

Notiere dir in einer zweiten Liste alles, was du gerne noch erreichen möchtest oder bereits erreicht hast. Selbst der Grundschulabschluss stellt ein solches Ereignis dar.

Diese Liste wird schneller gehen. Aber nun kommt der eigentliche wirklich schwere Punkt, da du diese Liste jetzt nach Kriterien ordnen musst. Strukturiere diese Liste entweder nach Erfolgen von wichtig bis vernachlässigbar oder nach Lebensjahren. Solltest du die Liste nach Lebensjahren strukturieren, solltest du zunächst vermeiden, alle noch nicht erreichten Punkte mit einem Zieldatum zu versehen. Schreibe dort eher geplant hin.

Anschließend lässt du diese Liste einfach liegen. In den kommenden 2-3 Wochen betrachtest du diese Liste immer mal wieder und ergänzt bzw. korrigierst diese. Du wirst feststellen, wie viele Dinge dir da noch einfallen werden, die du ergänzen wirst.

Du siehst, es braucht Zeit. Es braucht viel Zeit, Veränderungen brauchen enorm viel Zeit.

Wenn du die 2 Monate überstanden hast, dann gehe nun zum nächsten Schritt, der Konzepterstellung über.

Stufe 2: Das Konzept
Nach der Struktur bedarf es, sich bewusst zu werden, was möchte ich eigentlich verändern und was nicht. Im Anschluss heißt es, sich bewusst auf den Weg zu machen und den Fokus richtig zu setzen.
Deine neuen Freunde in der Wortwahl werden Fokus, Fokus und Fokus werden.

Die klare Ausrichtung, auf das, was nun dran ist, ist wichtiger denn je. Natürlich darf man sich jetzt nicht nur darauf versteifen, denn externe Einflüsse können jeden Prozess stören, verlangsamen oder auch beschleunigen.

Wichtig finde ich jedoch, ist es, dass man sich selbst nicht aus den Augen verliert, Rückschläge in Kauf nimmt und wenn es einmal zu schnell werden sollte, selbst auf die Bremse steigt, um sich wieder zu konzentrieren auf Fokus, Fokus, Fokus.

Veränderung ist keine einfache Sache. Veränderungen dauern lange, sie können schmerzhaft sein, aber Veränderungen sind lebensnotwendig.

Stufe 3: Die Umsetzung
Nachdem du dich jetzt analysiert und damit reflektiert hast, du dein eigenes Konzept erarbeitet hast, geht es nun unweigerlich an die Umsetzung.

Wer jetzt denkt, dass es hier ein Patentrezept gibt oder eine weitere der unzähligen Anleitungen, der irrt sich leider. Die Umsetzung kann bzw. muss jeder allein gestalten.
Dabei heißt es, den Fokus aufrecht zu erhalten, die kleinen Rückschläge billigend in Kauf zu nehmen und sich nicht entmutigen zu lassen.
Wenn der Veränderungswille groß genug ist, dann ist auch die daraus resultierende körperliche Kraft groß genug.

Dennoch möchte ich einige Tipps mitgeben, die dem ein oder anderen vielleicht eine Hilfestellung sind.

Routine im Alltag
Kleine Routinen im Alltag können dazu beitragen, dass man seine eigenen Ziele umsetzen kann. Womit hängt das zusammen? Eine Routine führt dazu, dass Prozesse sich verfestigen können. Ein Routineerfolg kann zu einer intrinsischen Motivation führen, auch alle anderen Ziele umsetzen zu wollen. Es ist wie bei einem Fußballspiel, wenn man hinten liegt und der Anschlusstreffer gelingt. Kleine Routinen fördern aber auch noch mehr. So lässt

sich über eine Routine auch das körperliche Wohlbefinden steuern. Nehmen wir als kleine Routine tägliches kontinuierliches Essen. Jeden Tag zur selben Uhrzeit Frühstück, Mittag- und Abendessen. Durch diese Routine beispielsweise wird nicht nur der Gesundheit geholfen, sondern auch dem ganzen Leben eine Struktur gegeben. Alle anderen Tagesaufgaben lassen sich dann bewusst um die Mahlzeiten legen. Den meisten Menschen, mir auch, fällt eine solche Routine sehr schwer. Gerade beim Frühstück bedeutet dies auch das Aufgeben von beliebigen Aufstehzeiten. Auf der anderen Seite wird man durch eine solche Maßnahme auch einfach zum Aufstehen gezwungen. Mit den meisten Routinen verhält es sich ähnlich, jede Routine bedeutet die teilweise Aufgabe von Freiheit, aber auch den Zuwachs von Sicherheit.

Der Spiegel als Spiegel

Das bin ich? Wer kennt es nicht oder hat es nicht schon einmal gedacht, als er nach dem Aufstehen in den Spiegel geschaut hat? Und die Antwort ist immer die gleiche: egal wie vermeintlich schlimm wir aussehen, wir sind es doch immer selbst. Also warum nicht einfach das Spiegelbild nehmen und damit die eigenen Ziele einüben? Jeden Morgen sich einfach seinem eigenen Ich stellen und entsprechend damit agieren. Es mag komisch klingen und auch im ersten Moment sehr merkwürdig sein, aber das eigene Spiegelbild gibt weder Widerworte, noch lacht es einen aus oder ähnliches. Das eigene Spiegelbild spiegelt nur einen selbst wider. Wir können uns selbst wahrnehmen beim Lachen, Weinen oder Grimassen schneiden, wir können uns selbst beobachten beim Sprechen, wir können uns selbst Ermahnen und auch selbst Motivieren, denn sich selbst vor sich selbst zu verstellen, fällt sehr schwer. Wie kann jetzt aber der Spiegel eine Hilfe sein, um die eigenen Ziele umzusetzen? Das ist recht einfach, denn erstens kann man an einen Spiegel seine Ziele anschreiben (mit einem Post-it oder einem wasserlöslichen Stift). Damit bekommt man diese bei jedem Reinschauen immer direkt vor Augen geführt und zweitens, der Spiegel kann für einen selbst auch einfach dazu dienen sich selbst zu fragen, was man bis jetzt erreicht hat oder wo man Hilfe braucht, also alles was bei einem Selbstgespräch in der Öffentlichkeit sehr merkwürdig wirken und aussehen würde.

Feedback Gespräch

Wer seine Ziele teilt und somit sein Umfeld mit einbindet in seinen Prozess, der kann sich auch ein Feedback einfordern. Ein Feedback, das muss nicht immer viel sein, manchmal reicht auch schon ein, mir ist aufgefallen, dass du nun dieses oder jenes anders machst. Wichtig beim Feedback-Gespräch scheint jedoch die vertrauensvolle Basis zu sein. Denn Feedback kann auch ziemlich schmerzhaft sein. Jedoch gehört Feedback unweigerlich mit dazu. Schließlich gibt es nichts Besseres als in einer vertrauensvollen Umgebung auf seine kleinen Fehler oder Rückfälle hingewiesen zu werden. Das Feedback-Gespräch hat aber auch ganz praktisch einen sehr wichtigen Charakterzug, das Umfeld ist eingeweiht und versucht, nach bestem Wissen und Gewissen den Veränderungsprozess zu begleiten.

Kleine Belohnungen

Mit Speck fängt man Mäuse, ist nicht nur eine wichtige Aussage beim Mäuse fangen, nein, es ist auch im übertragenen Sinne eine wichtige Komponente. Kleine Belohnungen gehören zum Alltag hinzu und es gibt ein großes Spektrum an kleinen Belohnungen. Doch diese Art der extrinsischen Motivation zur Umsetzung von Zielen will nicht nur wohl dosiert, sondern auch sehr bewusst eingesetzt sein. Schnell können kleine Belohnungen nicht mehr ausreichen und ins Gegenteil umschlagen. Wann sich eine kleine Belohnung wirklich lohnt, ist schwer abzuschätzen. Ich würde dabei meinem eigenen Zwischenschritteplan folgen und die Belohnungen immer nur nach Abschluss eines solchen Schrittes empfehlen. Was genau für einen als kleine Belohnung anzusehen ist, obliegt jedem selbst. Ich kann nur davor warnen, dass es etwas Alltägliches oder gar etwas ist, auf das man vorher verzichtet hat. Beides kann nämlich schnell dazu führen, seine eigenen Ziele über Board zu werden oder diese oberflächlich umzusetzen, Als kleine Belohnungen bieten sich deshalb folgende Dinge: Kinobesuch, kleiner Wochenendtrip, ein neuer Roman oder ein technisches Gerät, wie beispielsweise eine Smartwatch oder Fitnessarmband, also „nice to have"-Artikel, nichts was das Leben wirklich bereichert oder zwingend zur Bewältigung des Alltags notwendig wäre.

Kapitel 5: Ruhe

Veränderungen sind kraftraubende Prozesse, die auch an der eigenen Gesundheit zehren können. Deswegen bedarf es nach einem Veränderungsprozess dringend und vielleicht auch zwingend eine Pause.

Diese Ruhephasen dienen zum einen dazu, den eigenen Ressourcenhaushalt wieder aufzufüllen und zum anderen dazu, die gestarteten Veränderungsprozesse zu vertiefen und auch zu reflektieren.

Aber was genau bedeutet es eigentlich Ruhe oder eine Ruhephase einzulegen?

Es bedeutet, den Veränderungsprozess einzuüben und damit verbunden die Schwachstellen oder die eigenen Anfälligkeiten herauszubekommen und anzupassen.

Es ist wie bei einem guten Hefeteig, den man nach dem Zubereiten und vor der weiteren Bearbeitung, ebenfalls ruhen lassen sollte, nicht weil man diesen noch verändern könnte, sondern weil die Hefe zur vollen Entfaltung kommen muss.

Die Aussage *In der Ruhe liegt die Kraft* bekommt dann eine neue Bedeutung für einen persönlich.

Ein weiterer Aspekt im Thema Ruhe ist es, schlafen, essen und trinken bewusst wahrzunehmen.

Was bedeutet Essen und Trinken für mich, wird zu einer zentralen Frage. Dies herauszubekommen ist elementar in diesem Schritt der Ruhe, da alles einen Einfluss auf die eigene innere Ruhe hat.

Wer beispielsweise immer das Essen oder Trinken vergisst, braucht sich über Kopfschmerzen oder auch körperliche Auswirkungen nicht beschweren.
Konzentration und auch Fokussierung stehen im direkten Einklang mit schlafen, essen und trinken.

Dieser Prozess soll dazu führen, dass der Körper sich erholt und nicht, dass der Geist anfängt einzuschlafen. Insofern sollte dieser Prozess in den täglichen Alltag integriert und nicht als notwendiges Mittel zum Zweck verstanden werden.

Ruhe jedoch, ist aber noch deutlich mehr, denn Ruhe halten, kann nicht jeder. Erinnern wir uns doch einmal an unserer Kindheit zurück, als unsere Eltern oder eine Lehrkraft versucht hat uns zum Stillsitzen zu bewegen. Wie schwer ist uns das doch manchmal gefallen, oder?

Mir zum Beispiel ist das oftmals schwergefallen und auch heute fällt mir das noch sehr schwer. Dies führt dazu, dass ich meine Konzentration unterbewusst auch auf das Stillsitzen lenke. Ruhig sitzen kann ich auch heute noch nicht wirklich. An manchen Tagen verspüre ich einfach ein enormes Bedürfnis nach Bewegung und gehe dann stundenlang spazieren. Wenn ich dem nicht nachgebe, stellt sich oftmals eine gewisse Unruhe und auch Unzufriedenheit ein.

Aber, diese Art von Ruhe halten oder anders ausgedrückt ruhig = still sein, verstehe ich unter dem Punkt Ruhe nicht.

Es geht vielmehr, um die Thematik innezuhalten.
Vielleicht auch dem Umfeld zu entfliehen.

Es geht um einen Zustand, in dem man mit sich und seinem Umfeld im Reinen ist. Einen Zustand, in dem man sich einfach fallen lassen kann, der einen in die Lage versetzt, Eindrücke aufzunehmen und sich an der Schönheit und Schlichtheit der Welt zu erfreuen.

Kapitel 6: Zulassen

In der Zufriedenheitsphase angekommen stellen sich so manche Gefühle ein. Eines ist Zweifel. Zweifel wird meistens als Ursache von vielem Bösen angesehen. Aber so einfach ist das nicht. Zweifel sind manchmal auch ein guter Schutzmechanismus. Umso wichtiger ist es, dass man in dieser Phase zwar den Zweifel zulässt, jedoch das neue Gefühl nicht erstickt, wie bei einer Kerze durch Sauerstoffentzug. Der Zweifel über das Neue darf aber nicht größer werden, als der Blick auf das, was neu entstanden ist.

Nichts ist schlimmer, als in der neuen Phase in einen Abwärtsstrudel zu geraten, in eine Spirale, die im Anschluss dazu führen kann, dass man wieder von vorne beginnen muss. Einen Prozess mehrmals zu durchlaufen ist zwar gut, aber nicht unbedingt förderlich für sich und sein Umfeld. Es verhält sich hierbei nicht so, als wenn man eine Klasse in der Schule wiederholen oder eine Prüfung erneut schreiben müsste. Es ist eher so, als wenn man versucht, eine erkaltete Liebesbeziehung erneut mit Leben und Liebe zu füllen. Meistens führt dies zum Chaos, welches man nicht oder nur schwer kontrollieren kann. Wie immer gilt selbstverständlich auch hier, dass es Ausnahmen gibt. Besser ist es also, durch seine neu geschärften Sinne den Zweifelskreis zu durchbrechen.

Sicherlich darf an dieser Stelle gefragt werden, warum schreibt jemand über das Zweifeln beim Zulassen. Dies ist einfach zu beantworten. Wer versucht etwas zuzulassen, der wird sich auch öfters einmal hinterfragen, ob das, was man gerade zulässt, gut oder schlecht ist.

Es ist wie mit dem Beginn einer guten Freundschaft, auch dort lässt man zu, dass das Gegenüber etwas von einem erfährt und vertrauensvoll damit umgeht. Ich bin davon überzeugt, dass viele an Freundschaften schon einmal gezweifelt haben, weil Vertrauen missbraucht oder Verletzungen eingetreten sind. Mit Gewissheit kann man bei keiner Freundschaft oder neuen Bekanntschaft am Beginn sagen, wo die Reise hingehen wird. Dies kann immer nur die Zeit aufzeigen oder die eigenen Erfahrungen zeigen. Genauso ist es mit dem Zulassen der neuen Erfahrungen. Es ist schwer zu beantworten, wo der Weg hinführt, aber mit der Erfahrung der durchlaufenden Schritte bin ich davon überzeugt, dass das was man durchlaufen hat, unweigerlich dazu führt, zufriedener zu leben.

Zulassen ist jetzt aber nicht nur in diesem Kontext ein wichtiges Thema. Zulassen können begleitet uns ein Leben lang. Wer etwas zulassen kann, der kann auch Vertrauen aufbauen, der kann Schmerzen und Leiden ertragen, ja der wird sogar in schwierigen Situationen noch das Beste sehen, der Blick wird positiv ausgerichtet sein. Wer etwas zulassen kann, der kann auch den Schmerz, das Leid oder die Freude anderer nachvollziehen.

Es wird dann ebenfalls auch möglich sein, Situationen hinzunehmen, die sich nicht ändern lassen, wie z.B. politische Entscheidungen, den Tod einer geliebten Person oder die schwere Krankheit. Zulassen können ist die Erfahrung, zuerst das Gute und Positive zu sehen und daraus seine Kraft zu schöpfen.

Etwas zuzulassen ist ein unheimlich schwerer Prozess. Zulassen ist, so empfinde ich es, eine der höchsten Künste, die es gibt, denn der, der zulässt, wird unweigerlich auch verletzt oder angefeindet werden. Manchmal vielleicht auch als Außenseiter gebrandmarkt oder gar ausgegrenzt. Aber all das ist es wert. Man darf sich nicht davon abhalten lassen, etwas nicht zuzulassen, sondern man sollte versuchen, alles immer wieder und wieder zuzulassen.

Zufriedenheit kann man nicht kaufen, Zufriedenheit kann man sich nur erarbeiten. Zufriedenheit ist, wenn man es schafft sich selbst in der Welt zu akzeptieren, sich selbst zuzulassen und anzunehmen, wie man ist und so zu leben, wie man sein möchte, fernab von gesellschaftlichen oder familiären Zwängen.

Zufriedenheit bedeutet, zuerst auf sich selbst zu schauen und auch auf sich selbst Acht zu geben, bevor man jemand anderen hilft. Aber dies geht nur, wenn man es vorher zulässt.

Kapitel 7: Neid, Anfeindung und Unverständnis

Neid, Anfeindungen und Unverständnis sind ein ständiger Begleiter unseres Lebens. Es gibt wohl niemanden, dem nicht schon einmal etwas geneidet oder angefeindet wurde oder der mit Unverständnis konfrontiert worden ist. Meistens sind es Kleinigkeiten, aber auch diese hinterlassen Verletzungen. Mit diesen Verletzungen heißt es zu leben, es heißt damit umzugehen, es heißt darüber stehen zu lernen. Durch die neu erlangte Zufriedenheit, wird genau dies gelingen.

Neid, Anfeindungen und Unverständnis sorgen für Konflikte im Kleinen, aber auch im Großen. Politische Krisen können so ausgelöst werden, zwischenmenschliche Beziehungskrisen ebenfalls. Es ist ein täglicher Bestandteil mit unseren Mitmenschen. Wir können die Anfeindungen, den Neid und das Unverständnis anderer nicht steuern. Wir können nicht den Kopf oder Geist der anderen ändern, aber durch ein zufriedenes Leben können wir lernen darüberzustehen und aufzeigen, dass es anders geht. Wir können damit anfangen, den anderen etwas zu gönnen und uns mit ihnen zu freuen, anstelle, einen Gedanken daran zu verschwenden, ob wir etwas auch gerne hätten.

Sind sonst nur die offensichtlichen Dinge im Fokus der Mitmenschen gewesen, ist es nun die innere Zufriedenheit, die angegriffen werden soll. Es wird nun bewusst auf die inneren Werte abgezielt.

Es wird mit Unverständnis versucht eine Unruhe herzustellen oder die Probleme des Gegenübers zu deinen Problemen werden zu lassen. Es bedarf eines gesunden und wachen Geistes, um diese Anfeindungen zu erkennen und auch um gegensteuern zu können.

Es wird Situationen geben, in denen du Freundschaften innerlich gerne beenden möchtest, weil du mit diesem Unverständnis nicht zu recht kommst, weil du das Gefühl hast, dass deine gewonnene Lebensqualität dies nicht aushält oder du dies nicht möchtest.

Und diese Gedanken sind vollkommen zulässig und auch nicht von der Hand zu weisen, aber denke darüber nach, wie du ohne deine innere Zufriedenheit reagieren würdest und was dir an der anderen Person liegt. Deine Erkenntnis und deine Gelassenheit sind noch lange nicht in deinem Umfeld angekommen. Es bedarf viel Zeit, bis dies wirklich passiert und es ist nicht auszuschließen, dass das bei einigen niemals passieren wird. Möchtest du eine Freundschaft deswegen aufs Spiel setzen?

Eher nicht, denn allein dastehen möchtest du sicherlich auch nicht. Aber was kannst du nun machen? Wie kannst du diesen Anfeindungen entgegengetreten? Entweder mit einer konsequenten Gegenrede oder indem du versuchst, das Gespräch auf etwas anderes zu lenken.

Eines darf ich dir aber sagen, auch wenn das Gespräch dich aufgewühlt hat, mit etwas Abstand, wird es für dich keine Bewandtnis mehr haben. Es hat auch keine Auswirkungen darauf, wie du eine Person siehst, denn durch deine innere Stärke, deine gewonnene Zufriedenheit kann dich nichts aus der Ruhe bringen. Diese Situationen machen dich noch stärker und zeigen deinem gegenüber auf, wer du nun bist und wie du nun leben möchtest.

Es gibt aber eine Gefahr in diesem Prozess, auf die ich gerne noch eingehen möchte. Eines darf dir nicht passieren und dies ist, dass du beginnst selbstgefällig zu werden. Du musst auch hinterfragen, ob es sich bei einer Ansprache, die dich aus der Reserve locken soll, um eine Anfeindung handelt oder nicht. Manchmal handelt es sich auch um gut gemeinte Ratschläge, um Hinweise, um eine Nachfrage bzw. Interesse, die von der Gegenseite ausgelöst wird, damit deine neue Lebensweise nachvollzogen werden kann.

Es ist ein schmaler Grat, auf dem wir uns hier bewegen, denn je nachdem wir du deine Entscheidung, deine Reaktion wählst, kann daraus etwas Konstruktives oder etwas Ablehnendes entstehen. Es kann Freundschaften befruchten oder zerstören. Deswegen kann es ratsam sein, die Intension der Gegenseite zu erfragen, bevor von dir eine Reaktion kommt.

Neid, Anfeindungen und Unverständnis wirst du, weil deine Sinne nun darauf geschärft sind, nun öfters wahr-nehmen, und dennoch wirst du versuchen, mit deinen Mitmenschen ein ausgewogenes und gutes Verhältnis zu haben, auch wenn es dir manchmal widerstrebt.

Kapitel 8: Zufriedenheit

Wer nun die Hoffnung hat, hier nochmals alles zusammengefasst zu bekommen oder gar das Buch meint von hinten lesen zu müssen, dem sei gesagt, dass das einfach nicht geht.

Zufriedenheit ist nichts, was man einfach so auf Knopfdruck erreichen oder im Supermarkt kaufen kann. Zufriedenheit ist eine Lebenseinstellung, ja vielleicht sogar die Lebenseinstellung, die es bedarf, damit unsere Welt täglich menschlicher wird.

Alle, die es durchgehalten haben, die sieben Kapitel zu lesen und sich nun die Frage stellen, was mag er uns im letzten Kapitel noch mit auf dem Weg geben, denen kann ich nur sagen: „Nichts". Alles was ich zu sagen hatte, habe ich in den vorhergehenden Kapiteln bereits gesagt.

Das Einzige, was ich nun noch wünschen kann ist, dass von heute an bei dir selbst eine neue Ära beginnt. Eine Ära geprägt voller neuer Freude, voller Zuversicht und voller neuer Erkenntnisse. Durch Zufriedenheit wird eine Veränderung nicht zu einer Herausforderung, sondern zu einer Vorfreude!